# VENTE
**Du Vendredi 14 Février 1913**

## HOTEL DROUOT. SALLE N° 7

### EXPOSITION PUBLIQUE
Le Jeudi 13 Février 1913

# TABLEAUX
## ANCIENS ET MODERNES

## Aquarelles, Pastels, Dessins

Mᵉ Ch. DUBOURG
Mᵉ F. LAIR-DUBREUIL
COMMISSAIRES-PRISEURS
M. Albert JEHN
Expert près le Tribunal civil

# CATALOGUE

DES

# TABLEAUX

## ANCIENS ET MODERNES

### DES ÉCOLES

Anglaise, Allemande, Française, Flamande
Hollandaise et Italienne

DES

XVᵉ, XVIᵉ, XVIIᵉ, XVIIIᵉ ET XIXᵉ SIÈCLES

## Aquarelles, Pastels, Dessins

### APPARTENANT A DIVERS AMATEURS

ET DONT LA VENTE AUX ENCHÈRES PUBLIQUES AURA LIEU

## HOTEL DROUOT, SALLE Nº 7

### LE VENDREDI 14 FÉVRIER 1913

*à 2 heures*

COMMISSAIRES-PRISEURS

Mᵉ **CH. DUBOURG**   |   Mᵉ **F. LAIR=DUBREUIL**
8, rue d'Alger   |   6, rue Favart

ASSISTÉS DE :

**M. Albert JEHN,** EXPERT EN TABLEAUX PRÈS LE TRIBUNAL CIVIL
14, rue La Bruyère

---

## EXPOSITION PUBLIQUE

Le Jeudi 13 Février 1913, de 1 heure 1/2 à 6 heures

# CONDITIONS DE LA VENTE

Elle sera faite au comptant.

Les adjudicataires paieront *dix pour cent* en sus des enchères.

L'exposition mettant le public à même de se rendre compte de l'état de conservation des tableaux aucune réclamation ne sera admise une fois l'adjudication prononcée.

Paris. — Imp. de l'Art, Ch. Berger, 41, rue de la Victoire.

# DÉSIGNATION

1 — ALBANE (École de l'). Télémaque et Ca-
lypso.

2 — ALIGNY (Attribué à D'). Paysage d'Italie.

3 — BALZE (Attribué à). Méditation.

4 — BENTABOLE. L'Entrée du cloître.

5 — BERGHEM (École de). La Rentrée du trou-
peau.

6 — BERGHEM (École de). Paysage.

7 — BILCOQ. Enfant au chat.

8 — BOILLY. (École de). Portrait de Jeune
Homme.

9 — BONNATZ. Italienne.

10 — BOUCHER (École de). Esquisse,

11 — BOUCHER (École de). Amours.

12 — BRENTA (B.), élève de Jacquet.
A. Portrait de Gaby.
B. — Betsy.
C. — —
D. — ovale.
E. — —

13 — BUCHEZ (H.), Élève de Henner. Tête de profil.

14 — CASTAGNARY. Fleurs.

15 — CHABAUD. La Route.

16 — CHINTREUIL. Effet du matin.

17 — CRESPI (École de). Saint François.

18 — DAVID (École de). Marius sur les ruines de Carthage.

19 — Décoration : Trumeau, peinture et glace.

20 — DAVID (École de). Esquisse.

21 — DIAZ (École de). Baigneuse.

22 — DIAZ (École de). Baigneuse.

23 — DE DREUX (Attribué à A.). A. En route. — B. Le Repos. Deux pendants.

24 — ÉCOLE ALLEMANDE (Fin du XVIᵉ siècle). Vénus et l'Amour.

25 — ÉCOLE ANGLAISE (Fin du XVIII<sup>e</sup> siècle). Amour.

26 — ÉCOLE FLAMANDE (Fin du XV<sup>e</sup> siècle). Deux volets.

27 — ÉCOLE FLAMANDE. Bacchus.

28 — ÉCOLE FLAMANDE. Portrait de Femme.

29 — ÉCOLE FLAMANDE. Étude de rochers.

30 — ÉCOLE HOLLANDAISE (XVII<sup>e</sup> siècle). Nature morte.

31 — ÉCOLE HOLLANDAISE (XVII<sup>e</sup> siècle). Marine.

32 — ÉCOLE HOLLANDAISE (XVII<sup>e</sup> siècle). Portrai d'Homme.

33 — ECOLE HOLLANDAISE. Nature morte.

34 — ÉCOLE HOLLANDAISE. Tête de Femme.

35 — ÉCOLE ITALIENNE (Fin du XV<sup>e</sup> siècle). Tryptique à volets.

36 — ÉCOLE ITALIENNE (XVI<sup>e</sup> siècle). La Nativité.

37 — ÉCOLE VÉNITIENNE (XVI<sup>e</sup> siècle). Esquisse.

38 — ÉCOLE ITALIENNE (Fin du XVI<sup>e</sup> siècle). Le Saint-Esprit.

39 — ECOLE VÉNITIENNE (XVII<sup>e</sup> siècle). L'Abondance.

40 — ÉCOLE VÉNITIENNE (Fin du XVIIᵉ siècle). Ruines. Deux pendants.

41 — ÉCOLE ITALIENNE (XVIIIᵉ siècle). Portrait de Femme.

42 — ÉCOLE ITALIENNE (XIXᵉ siècle). La Promesse.

43 — ÉCOLE ITALIENNE. Saint Jean. Cadre en bois sculpté.

44 — ÉCOLE ITALIENNE. Christ.

45 — ÉCOLE ITALIENNE. La Visitation.

46 — ÉCOLE VÉNITIENNE. La Cène.

47 — ÉCOLE VÉNITIENNE. Martyre d'une sainte.

48 — ÉCOLE VÉNITIENNE. Actéon poursuivant une nymphe.

49 — PRIMITIF. Sainte Catherine d'Alexandrie.

50 — ÉCOLE DE FONTAINEBLEAU. Diane.

51 — ÉCOLE FRANÇAISE (XVIIᵉ siècle). Allégorie.

52 — ÉCOLE FRANÇAISE (XVIIᵉ siècle). Le Bon Samaritain.

53 — ÉCOLE FRANÇAISE (XVIIᵉ siècle). Vénus chez Vulcain.

54 — ÉCOLE FRANÇAISE (XVIIIᵉ siècle). Allégorie.

55 — ÉCOLE FRANÇAISE (XVIIIᵉ siècle). Pastorale.

56 — ÉCOLE FRANÇAISE (XVIIIᵉ siècle). Esquisse.

57 — ÉCOLE FRANÇAISE (XVIIIᵉ siècle). Femme à la rose.

58 — ÉCOLE FRANÇAISE (XIXᵉ siècle). Paysage.

59 — ECOLE FRANÇAISE (XIXᵉ siècle). Paysage.

60 — ÉCOLE FRANÇAISE (XIXᵉ siècle). Chevaux.

61 — ÉCOLE FRANÇAISE (XIXᵉ siècle). Vue de Tunis.

62 — ÉCOLE FRANÇAISE (XIXᵉ siècle). Marine.

63 — ÉCOLE FRANÇAISE (XIXᵉ siècle). Marine.

64 — ÉCOLE FRANÇAISE (XIXᵉ siècle). La Grenouille.

65 — ÉCOLE FRANÇAISE (XIXᵉ siècle). Fleurs.

66 — ÉCOLE FRANÇAISE (XIXᵉ siècle). Amour.

67 — École française (xixᵉ siècle). Femme à l'éventail.

68 — École 1830. Intérieur d'atelier.

69 — École 1830. Étude d'arbre.

70 — École française. L'Abondance.

71 — École française. Portrait d'Homme.

72 — École française. Esquisse.

73 — École française. Esquisse.

74 — École française. Portrait de Femme.

75 — École française. Sainte Famille. Cadre en bois sculpté.

76 — Ecole française. Copie.

77 — École française. Tête de Femme. Cadre en bois.

78 — École française. Allégorie.

79 — École française. Portrait d'Homme. Marine. — Le Poète. Trois pièces.

80 — École française. Copie.

81 — GAUTIER (Marie). Fleurs.

82 — GÉRARD (École du baron). Portrait de Femme.

83 — GODCHAUX. Village arabe.

84 — GOYA (École de). Portrait d'Homme.

85 — GOYA (École de). Le Perruquier.

86 — GREUZE (D'après). Étude pour l'Innocence.

87 — VAN DER HELST (Attribué à). Portrait d'Homme.

88 — HUE (Attribué à). Deux dessus de porte.

89 — JEAURAT DE BERTRY (Attribué à). Intérieur.

90 — JEAURAT DE BERTRY (Attribué à). Singe au chevalet.

91 — LACROIX (École de). Marine.

92 — LAVIEILLE (Eug.). Cour de ferme.

93 — LEBLOND (Jean), 1635-1709. Esquisse pour Jupiter foudroyant les Titans.

94 — LE MOYNE (École des). Portrait de Femme.

95 — LE MOYNE (École des). Enlèvement de Proserpine.

96 — LINGELBACH (Attribué à). Le Passage de la rivière.

97 — LINGELBACH (Ecole de). Marine.

98 — LONGHI (A.) Portrait d'Homme.

99 — LUCAS (Ecole de). La Veillée.

100 — MAYER (Edouard). Paysage.

101 — MARTINET. Paysage.

102 — MICHEL-ANGE (D'après). La Chute des Damnés.

103 — MONNIER (Henry). La Bouquetière. Aquarelle.

104 — Mosaïque. Deux pendants. Cadre en bois sculpté.

105 — PANINI (Ecole de). Deux pendants.

106 — POUSSIN (Ecole de). Saint Joseph et l'Enfant Jésus.

107 — Poussin (Attribué au Guaspre). La Fuite
en Egypte. Cadre Louis XIII en bois.

108 — Perronneau (Ecole de). Portrait de
Jeune Homme.

109 — Prud'hon (Ecole de). Esquisse.

110 — Ricci (Attribué à). La Vierge.

111 — Rigaud (Ecole de). Portrait d'Homme.

112 — Rubens (D'après). La Reine Tomyris
regarde la tête de Cyrus.

113 — Subleyras (Attribué à). La Bénédiction
des présents.

114 — Taraval (Attribué à). Vénus et Mars.

115 — Teniers (Ecole des). Allégorie.

116 — Tiepolo (Ecole des). La Reine de Saba.

117 — Tiepolo (Ecole des), 1692-1770. Etude
de plafond.

118 — Tischbein (Attribué à). Portrait ovale
d'Homme.

119 — TITIEN (D'après). Etude de tête.

120 — VALLIN (Attribué à). Vénus et l'Amour.

121 — VAN LOO (École de). L'Amour et le Guer-
rier.

122 — VERHOEVEN (XX<sup>e</sup> siècle). Rêverie.

123 — VERNET (École des). Vue d'un port.

124 — VERROCHIO (École de). La Nativité.

125 — VOS (École des DE). Allégorie.

126 — WITTE (GASPARD DE). Paysage et ruines.

127 — WOUVERMANS (D'après). Choc de cavalerie.
Deux pendants.

128 — ZIEM (École de), XX<sup>e</sup> siècle. Marine.

129 — COTTIN (P.). Le Tasse à la cour de Fer-
rare. Gravure, d'après EUDER.

130 — ÉCOLE ANGLAISE. Les Bulles de savon.
Aquarelle.

131 — ÉCOLE ANGLAISE. Paysage. Aquarelle.

132 — ÉCOLE FLAMANDE. Pêcheurs. Croquis à la plume.

133 — ÉCOLE FRANÇAISE (XVIII$^e$ siècle). Pastorale. Sanguine.

134 — ÉCOLE FRANÇAISE. (XIX$^e$ siècle). L'Inspiration. Fusain et pierre noire.

135 — ÉCOLE FRANÇAISE. Sanguine.

136 — ÉCOLE FRANÇAISE. *A.* Jardin des Tuileries. — *B.* La Musique. Deux dessins aquarellés.

137 — ÉCOLE FRANÇAISE. Portrait de Femme. Pastel.

138 — ÉCOLE FRANÇAISE. Tête d'Enfant. Sanguine.

139 — ÉCOLE FRANÇAISE. Portrait d'Homme. Dessin à la plume, aquarellé.

140 — ÉCOLE FRANÇAISE. Portrait de Magistrat. Sanguine.

141 — ÉCOLE FRANÇAISE. Portraits de Femmes. Trois pastels.

142 — GRAVURES. D'après METZU. La Cuisinière. — SCHALKEN. L'Éducation badine. — ÉCOLE ITALIENNE. Vénus endormie. Trois pièces.

143 — DIVERS ÉCOLES. Sépias, sanguines, etc. Huit pièces.

144 — Cadres et tableaux omis.

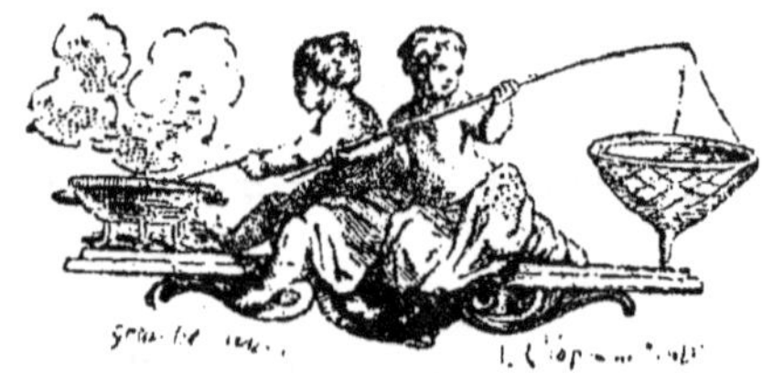